用漫画来了解 新天地的欺诈布道法

用漫画来了解 新天地的欺诈布道法

發行日	2016年 10月 30日
文章·图画	韩国基督教异端咨询所协会 光州咨询所, 艺多园
飜譯	廉雄杰 傳道師
图书设计	李京惠(kiki-41@hanmail.net)
矯正	郑恩智(kj1127am@naver.com)
总贩	하늘유통(031-947-7777)
發行處	기독교포털뉴스(www.kportalnews.co.kr)
住所	京畿道 水原市 靈通區 Edutown路 101 Eduheim 1309 Officetel 102洞 314号
電話	010-4879-8651(기독교포털뉴스), 0505-369-0191(韩国基督教异端咨询所协会 光州咨询所)
價格	6,000원

ISBN 979-11-950046-5-2
(如果想再用本书的一部分或全部, 必得著作权人的同意。破损本给调换。)

用漫画来了解
新天地的欺诈布道法

文章•图画 韩国基督教异端咨询所协会 光州咨询所,艺多园

前言

新天地开异端研讨会。异端开异端研讨会？陷进这是新天地的女儿为了迷惑她妈妈而准备的场合。新天地的人还会帮忙就职。

让正统教会'无业'圣徒，在新天地教徒的公司就职。从外表看，就与遵守主日，没有饮酒，吸烟的公司很相似。但是老板却是新天地教徒。每天早上工作之前开始QT。表面上看就是没有缺陷的基督教公司。但是他们会在QT内容里混合新天地的话语。

教会的姐姐精心照顾去当兵的兄弟。军队生活辛苦的时候，教会姐姐寄来的信是很大的鼓舞。也有时候还会来面会，送三层便当，每次生日都不会忘记送礼物。退伍了。姐姐祝贺，并提出要怀着信心看话语，培养信仰的确信之后，去适应社会。不能起疑心，也不能拒绝。和被介绍的传道士一起做圣经学习，但他却是新天地的传道士。

1984年10余名，2007年4万5千名，2016年17万名，这是什么数字？这是韩国教会指定的10年以来最要注意的异端新天地耶稣教见证帐幕圣殿(总会长李万熙氏)的成长势头。2014年(新天记31年)6月，据正确了解新天地博客(café.naver.com/soscj)发表的新天地信徒情况表，他们在2014年6月基准数量达到13万4千名。

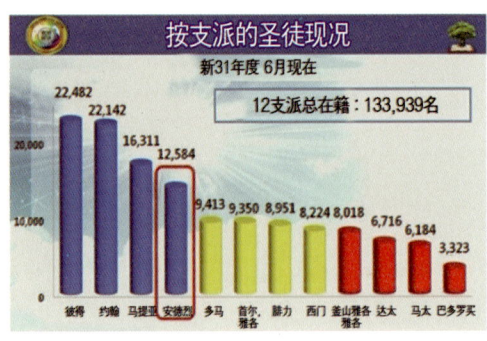

10余年期间不断对应异端，但新天地却不停成长，其理由是他们的欺诈布道在现场依然、还是行得通。他们在全方位为了迷惑圣徒入新天地，在适当的场所是有适当的战略战术。现实是很多圣徒不知道这种战略被他们误导。希望不再有圣徒被新天地所迷惑，所以韩国基督教异端咨询所协会（代表会长陈用植牧师）光州基督教异端咨询所和所属青年们合力，将新天地信徒们的欺诈布道法画成了漫画。希望人们看这漫画，不再被新天地所迷惑，不再有流泪伤心的事情。

韩国基督教异端咨询所协会 光州咨询所长姜信侑 牧師献上

致辞

和从新天地改教的青年们，关于新天地的布道活动谈了话。他们告白，新天地以欺诈性浓厚的布道，破坏家庭，教会，也给社会造成了很大的损失。与他们的谈话之后，为了能够表达一分歉意，决定制作关于新天地接近法和布道战略的漫画。

制作过程并不顺利。这是因为聚在这里的全都是没有编过书，没有画漫画或者编辑技术的非专业人士。首先，按照聚会的性质决定此聚会的名字为'耶覆园'。耶覆园是'以耶稣的爱重新得到救恩的青年'的略称。每周三和周六聚在一起，收集新天地布道事例之后，重组编成8个插图。手工绘制草图之后，将劳务托付给画漫画的专家手里。去找了可以出版第一次绘制完的漫画的地方，结果通过基督教门户新闻 鄭胤晢 代表正式出炉了。

漫画很好的说明了新天地的接近过程和布道形态。新天地的布道过程一般以3个阶段组成。第一阶段－接近以及相见，第二阶段－形成亲分关系，第三阶段－介绍讲师以及圣经学习。此漫画通过3个阶段的过程，揭露新添的的接近形态和在形成亲分关系过程中出现的新天地信徒的形态。

感谢为了此漫画能够出炉而立千辛万苦的耶覆园 사라, 항성, 승호, 한나, 하은, 미영, 유빈, 상민, 재연, 우정, 준록, 영진, 예지, 건희, 민철, 세영, 설현, 범주, 민우, 명숙, 재혁, 하나, 진희, 형진, 고은, 유리, 혜림, 지은, 지혜, 빛나, 同时深深感谢给漫画填色，并提出反馈的全州新天地受害者聚会(代表朴正哲干事)。

韩国基督教异端咨询所协会 光州咨询所长林雄基传道士献上

Contents

前言 • 8
致辞 • 9

新天地'欺诈'布道概要 • 11

新天地欺诈布道法/利用校园, 社团的布道 • 19
TIP 1 新天地是什么样的团体？ • 37
TIP 2 新天地能够急剧成长的理由是什么？ • 38

新天地欺诈布道法/街头, 企业的伪装接近 • 41
TIP 3 学到这种内容, 那就是新天地 • 53
TIP 4 学到了这种内容的话, 那就是新天地没错! • 54

新天地欺诈布道法/收割者, 伪装教会 • 61
TIP 5 新天地福音房, 新天地人说谎话的理由 • 73
TIP 6 新天地的接近和福音房的检查项目 • 74

新天地欺诈布道法/关系传道, 子女养育 • 77
TIP 7 新天地人有什么特征？ • 89
TIP 8 发现新天地人的时候, 该怎么应对？ • 90

新天地欺诈布道法 概要

1. 新天地如何接近人？

Step 1 接近 & 见面

- 伪装教会
  弟子训练, 军事训练, 复兴查经会, 品性学校, 文化讲座等
- 伪装研讨会
  自我启发讲座, 恋爱讲座, 恢复研讨会, 赞美集会, 圣经集会, 模仿父亲学校, 治愈演唱会等
- 伪装咨询
  治愈咨询, 升学咨询, 信仰咨询, 多文化家庭以及脱北者咨询, 犹太人学习法, 子女养育法, 音乐治疗, 美术治疗等
- 问卷调查
  图形咨询(△□○S), 性格诊断测试, MBTI, DISC, 血型检查等
- 文化中心以及终身教育院
  POP, 剪纸工艺, 陶笛, 制作肥皂, 吉他, 插花, 瑜伽等
- 文化演出
  照片展, 圣画展, 美术展, 话剧, 手工艺品作品展示等
- 恩赐
  首相, 塔罗, 梦, 幻象, 祈祷院等
- 联谊会
  骑马, 足球, 棒球, 篮球, 登山, 药草, 武术, 照片, 乒乓球, 读书(指导, 论述)集会等
- 才能捐献
  口述童话, 缝纫机, 绸带工艺, 制作人偶, 布艺等
- 健康
  手指针, 脚底按摩, 耳穴针, 锋针, 医疗器材体验场等
- 智能手机应用程序
  美食店观光, 一顿饭和对话, 旅游, 吉他, 钢琴等集会

※ 开设以及谎称调查机关, 服侍团体, 社会团体, 研究所, 心里咨询等来接近

<新天地特点>识别联系地址
- 利用问卷, 咨询单上的电话号来接近
- 利用借手机的方法得知电话号来接近
- 利用教会要览
- 利用熟人(朋友, 前后辈)等关系来接近

2. 第二阶段是'建立关系'。

Step 2　结交关系

- 边吃饭, 喝茶, 喝咖啡, 一起聊天(咖啡, 饭店, 家庭)
- 请你看电影, 文艺演出
- 利用信, 礼物, 活动来感动你
- 识破你的烦恼和关心(信仰, 进路, 父母, 理性, 入学考试, 展望, 家庭, 经济问题等)
- 给予帮助(信仰, 法律, 进路, 职场, 经济, 理性, 展望, 保险等)
- 图形咨询, 美术治疗, 血型检查, 性格诊断测试, 适应能力测验等
- 也会利用异性来接近

※ 假扮偶然相见等场面, 介绍别人。

<新天地特点>讨欢心

- 利用问卷, 图形咨询单上写的情报来了解你对上帝的关心程度。
- 先对你说自己的烦恼, 担心和关心来诱导传教对象者说出自己的烦恼, 担心和关心
- 说出从教会, 牧师受到的伤害或者批判基督教界
- 对异性问题, 留学, 职场生活, 入伍等说出负面的话, 诱导你不去做这些
- 借给你漫画圣经或者让你看电影(Passion of Christ)

要小心陌生人过度的亲切

3. 现在正式开始圣经学习。

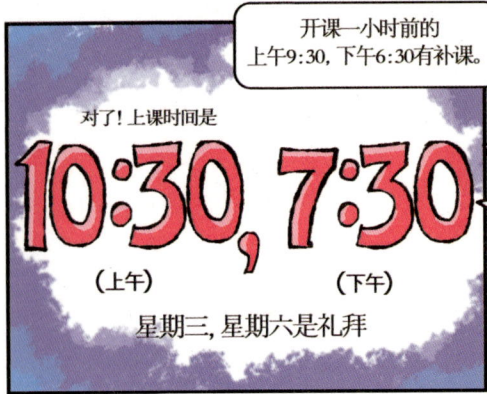

Step 3 讲师介绍 & 圣经学习

- **福音房**
    - 讲师会被介绍为传道士, 牧师, 宣教士, 师母, 干事, 熟悉圣经的执事进行教育。
    - 每周进行小组圣经学习1～4回。
    - 短的话2～3周, 长的话6个月(平均 2～3个月)学习过后, 会介绍更能有体系地学习圣经的中心(神学院), 让学生去面试。
    - 神学院面试时：需提交身份证副本(复印身份证), 证明照2张。

- **神学院(中心)**
    - 介绍自己为讲师的教育者, 拿着黑板讲课。
    - 讲师会谎称自己不属于任何教派, 说自己是超越教派的人。
    - 会以复印费, 电费为名义收钱(每月1～2万元)。
    - 初级2个月, 中级2个月, 高级2个月, 总共5～7个月课程
    - 月, 火, 木, 金的上午班是10点半～, 夜晚班是7点半～, 每堂课约2小时。
    - 水, 土是补课或者礼拜。
    - 周末班是土, 日的下午4点～, 平日补一天课。
    - 上课之前, 之后会有担当传道士按小组进行复习30分钟, 有时也会有小测试。
    - 初级教育课程结束后会考试, 整个课程结束后会有结业考试。

<新天地特点>福音房, 神学院(中心)

- 圣经学习没有教材, 只让学生看改译韩文圣经。
- 称注释是撒旦的教理, 不让学生从网上查看。
- 不让学生做笔记, 或者即使做了笔记, 也要把笔记本放在学习场所。
- 要结出果子(传道)才能结业, 所以会鼓励学生找传道对象。

不要在教会外学习圣经

新天地欺诈布道法
利用校园·社团的布道

校园－帮助新生 1

校园－运营新生社团

校园 – 伪装社团的QT

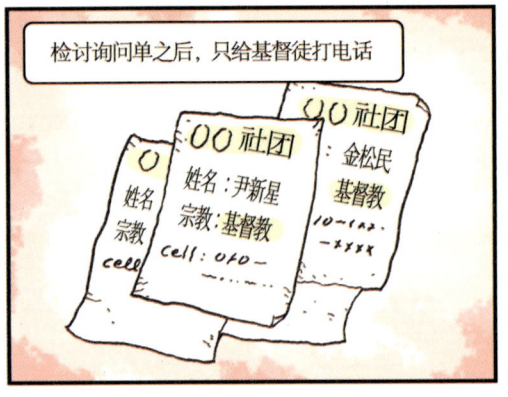

校园－托业和英语圣经

喜好社团 - 音乐社团演出

喜好社团 - 读书聚会

喜好社团 - POP教育

喜好社团 - 羽毛球

喜好社团－讲吉他课的赞美传道士

校园 - 塔罗占卜

校园－神学生哥哥的讲道评价

青年聚会 展望圣经学习

在剧团的圣经学习

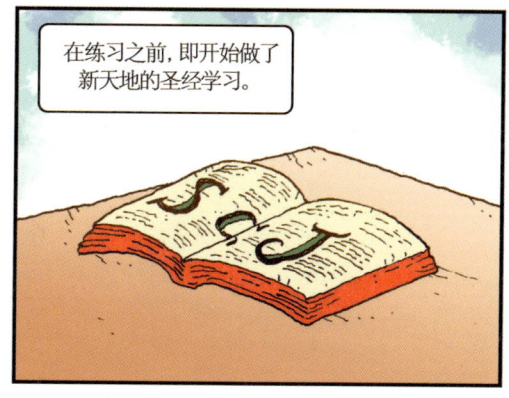

利用小组项目来聘请

TIP 1 新天地是什么样的团体?

新天地耶稣见证帐幕圣殿(新天地)的代表李万熙在1931年9月15日, 出生于庆北清道郡丰角面。
他从1957年开始10年期间, 滞留于自称天上天下唯一真神的传道馆朴泰善的信仰村里; 又在1967年参加了自称幼仆的柳在烈的集会, 以此为契机步入了帐幕圣殿。
他在1978年追随了帐幕圣殿中灵命叫'所罗门'的白万峰, 并在1984年3月14日, 纠集了追随自己的势力, 创立了'新天地耶稣教见证帐幕圣殿'。现在的教势可以推算为13万~14万名。

李万熙教主以被韩国教会主要教派正式规定为'异端'。耶稣教长老会(以下称耶长)统合派以在1995年的总会中将此规定为异端, 耶长合同派在1995年将此规定为'在神学上没有批判价值的团伙', 并在2007年重新规定为异端。此外还有基督教大韩圣洁教会(1999年), 耶长和信(1999), 高信(2005), 大信(2008年)也将此规定为异端。新天地方面使用将整个正统教会变为新天地化的'移山'战略, 并往正统教会派遣伪装信徒的'秋收者布道法'等战略来继续迷惑正统教会的圣徒们。

似而非新天地在强调, 相信'耶稣+比喻解释=新诺言'时, 才能得到救赎。
在此, 李万熙教主起绝对性作用。他们说, 只有见到李万熙教主, 去新天地才能得到救赎。
他们还说, 只有靠'李万熙式的比喻解释'来解释圣经, 才能得到罪的赦免, 特别是要知道启示录才能得到救赎。被教理中毒的信徒认为, 只要在这地凑满14万4千名, 就能成为王一样的祭司长统治世界; 他们陷进这种荒唐的想法当中, 甚至抛弃学业, 工作, 家庭, '孤注一掷'于似而非团伙。
对他们来说根本就'没有耶稣'。他们只相信自称领受耶稣之灵的教主李万熙而已。
新天地甚至将教主李万熙吹捧为万王之王。

教主李万熙的道德性倍受争议。
他从2010年之后, 在正式场合里, 几乎不与夫人刘某, 而是与金楠姬同行。
据现代宗教2013年11月号称, 李教主和金楠姬在2013年夏天没有新天地活动和集会的时候, 就在加平相见一起度过时间。在2012年9月召开的新天地天空文化艺术运动会中, 俩人穿起龙袍, 戴上王冠举行了汽车游行; 并在2014年9月17日召开的新天地活动中, 金楠姬入场的时候, 还开展了纸板上面写上'万民之母'的字体秀。
对此, 有分析称这是教主李万熙死后, 为了建立以金楠姬为中心的体制而开展的作秀。

TIP 2 新天地能急速成长的理由是什么？

教主李万熙是已经84岁的老人。
即便如此，新天地在30余年期间，达成1万倍的暴涨是有几种原因的。

第一、是深中肯綮的布道。

新天地会尽量收集有关布道对象的情报，之后作出相应的布道。这是因为他们的布道方法是，集中深入人最薄弱的要素(黑暗的背景，经济问题，子女教育，夫妻问题等)之后，给出对应的解决之策，而以这种方式接近的布道，对韩国教会圣徒是行得通的。特别是在这过程中，他们会使用彻底伪装自己身份的欺诈布道法。传道士，宣教士，领受灵权的人等，其伪装方法多种多样。

第二、他们会显出人与人之间亲密的关系性，这显得他们超越了现有教会。

新天地所有信徒会以亲密的关系性·交情为诱饵来接近。这只是让人流入新天地的一种谋略而已，但还是在现场行得通。这是因为他们显得可以'对需要肾脏的人'捐赠肾脏，付出自己的所有，并显得可以实践为他人牺牲和关爱的精神。他们为了吸引人心，会动用他们能做的所有的方法。
即，他们会给出自己小天国的模型，提供亲密的共同体性和安乐乡。当然，要是仔细查看内部，就会知道他们只是最为腐败的异端·似而非团伙中的一个；只是新天地信徒们的双眼被遮，看不到这些而已。对于在迷惑阶段的人们来说，他们的模样看起来就像天国一样。

第三、有些人想要了解圣经，但是没有得到解决；新天地就会刺激并缓解这些好奇心。

"圣经原是被封印的，用暗语绑着的真理，所以即使读圣经也不会知道其意义。但现在从创世记开始到启示录，让你一次贯通。"这种提示答案式的接近，对信徒们显得格外有魅力。
一个主日学校的教师，有个烦恼。他说读圣经也不知道是什么意思。但是他与京畿道一个地区的圣经学习团体取得了联系，开始在那里学习圣经后，就说非常容易又有意思。

他们对这位教师说的第一句话就是:"到现在圣经觉得难的理由就是因为那是被封印的秘密"这一下子触动了那教师的心。

这句话成了诱饵,结果那教师自己都不知道,就在那里学了6个月新天地圣经学习。

这种多种多样的方法在现场,还对信徒们行得通。

相信84岁的老人李万熙是这时代的救主,这种令人震惊的现实;而且大多数是以前上教会的人们;我们就生活在目睹这种结尾的离奇的时代里。

新天地欺诈布道法

大街·单位伪装接近

图形心里咨询接近

演讲评价布道

活动中奖布道 - 情侣咨询

借手机

异性交际

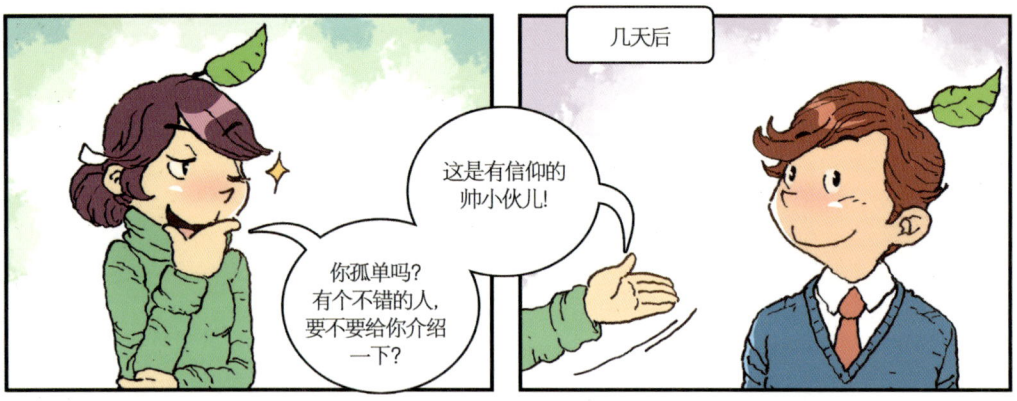

单位里的圣经学习

QT书评价团

伪装接近 - 假占卜师

伪装接近 - 医院护理人

伪装接近 - 梦

TIP 3 要是学到这些内容，那就是新天地

韩国基督教异端咨询所协会(会长陈勇植牧师)公开了，新天地耶稣见证帐幕圣殿必教的5个核心圣经句子。新天地在福音房·教育中心教的核心句子由3个主要图片·18个圣经学习主题组成，支撑着他们的的教理，所以只要事先熟记这些，也会有预防的功效。

协会公开的核心句子是马太福音13章24～35节。新天地福音房和教育中心在初级阶段教'比喻解释'，因为他们称'耶稣若不是比喻，就不对他们说什么'(34节)。他们说，由比喻形成的话语当中隐藏着圣经本来的含义，实体，真相；而且他们洗脑信徒说，预言成就的最后真实的时刻，比喻会解开。

马可福音4章13～14节，也是新天地无法避开的句子。新天地引用话语"撒种之人所撒的就是道"(14节)来给信徒注入解释'神的种就是神的道，比喻成种子的真意就是道'。新天地根据这句话来区分神的种子和撒旦的种子。他们教信徒说，神的种子，话语的种子将成为树，鸟(神的圣灵)会降临在树上。

以赛亚书34章16节，也是他们不会排除的句子。他们提出"无一没有配偶"的句子来主张所有经文都有配偶。从这里抽出来的又名'配偶教理'被称为是制造似而非教主的教理，起着新天地教理中的'万能钥匙'的作用。除此之外，把何西阿书4章6节的话语"我的民因无知识而灭亡"，用在必须要学习新天地教理的主张上；把罗马书3章7节的话语"因我的虚谎越发显出他的荣耀"，用在正当化他们的谋略(谎言布道)上[出处白湘贤著，<异端似而非，揭示新天地>]。

新天地强调的主要圣经句子

圣经句子	主张	目的
太13:24~35	耶稣用比喻说话	比喻解释的正当化
可 4:13~14	撒道	'话语=种子'教理的正当化
赛 34:16	话语必有配偶	话语，配偶教理的正当化
何 4:6	信徒们没有知识	提出新天地教育的必要性
罗 3:7	谎话会荣耀神	谋略(谎话布道)的正当化

TIP 4 学到了这种内容就是新天地没错!

Step 1　灵的世界

神的属性

1. 出 3:14　上帝 = 自存者(至尊者)
2. 约 4:24　上帝 = 灵(形体)
3. 创 1:1　上帝 = 创造主

关于天使们
4. 诗 103:20~22
   天兵天将 = 被造物
5. 来 1:14
   天使们 = 使唤的灵
6. 启 5:11
   天使的数 = 千千万万

撒旦的属性

1. 启 20:2　龙 = 龙　蛇 = 魔鬼 = 撒旦
2. 创 3:1　神的被造物 = 从前的蛇(撒旦)

*撒旦魔鬼的整体
3. 赛 14:12~15　天 - 地 : 掉下
   傲慢, 贪欲, 罪(路西法 : 敌对 - 以西结书28:15~17)
4. 犹大书 1:6　地位 处所 离开的天使们 - 捆绑 : 掉在黑暗中
5. 启9:14~16
   犯罪的天使的数 2万万的马兵队

Step 2　善恶的区分 牧者区分法

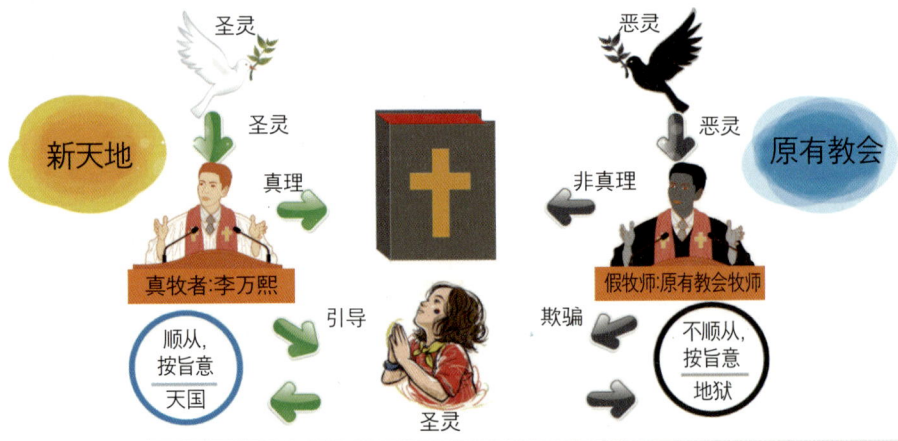

- 灵的世界里有神的世界和撒旦的世界, 肉体的世界里又有神的牧者(真牧者)和撒旦的牧者(假牧者)。
- 约翰一书 / 新天地主张的分辨神的牧者和撒旦的牧者的方法是, 用属于神的话(圣经)来讲道就是神的牧者, 用属于世上的话(电视剧, 伟人等)来讲道就是撒旦的牧者。
- 新天地所说的'按圣经'意味着新天地(李万熙)教理, 称教新天地教理的李万熙为神的牧者(真牧者), 主张原有教会牧师是撒旦的牧者(假牧者)。

Step 3　信仰的3要素：知识(知), 信心(信), 行为(行)

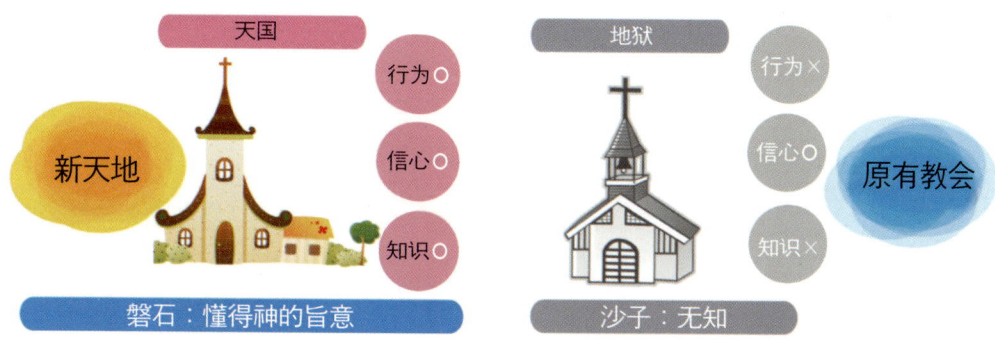

信仰的3要素是知识, 信心, 行为, 又称没有行为的信心是死的(雅2:17), 单靠信心是无法得到救恩的。
太7:21 信仰人(呼我主阿, 主阿的人)中, 只有按神的旨意去行的才能进天国。
呼我主阿, 主阿的人, 第一, 是去教会的人, 第二, 是信耶稣的圣徒。
提后 3:13-17 圣经里有得救的智慧, 所以你所学习的(知识), 所确信的(信心), 要存在心里(行为)。
即, 知道, 相信, 并去行的人才是神所愿的, 可以得救的信仰人(义人), 并可以为神的人得完全。
他们主张以知识, 信心, 行为得救的新天地才是唯一的天国, 单靠信心得救的原有教会是地狱。
新天地说的知识, 信心, 行为是新天地(李万熙)的教理, 是只有按照新天地(李万熙)的指示去做才能得救的意思。

Step 4　善恶的区分

　　　　预言　　　　　　　成就
　　耶 31:27　⇒　　太 13:24~30　⇒　　启 14:14~16
　　人的种子　→　好种子：耶稣的真理　⎫　→ 救恩(新天地)
　　野兽的种子　→　穗子：撒旦的非真理　⎬ 秋收
　　　　　　　　　　　　　　　　　　　⎭　→ 审判(原有教会)

- 他们主张旧约(肉体的以色列=犹太人)的预言在新约(属灵的以色列=基督徒)里成就, 在启示录时代(属灵的新以色列=新天地人)被秋收, 然后会放到仓里。
- 种子的话语(路8:11)会洒在等于信仰世界的田里(太13:38=原有教会), 受到耶稣真理的好种子(新天地教理)的人会成为神的子女(约一3:9)进入等于仓(新天地)的天国里, 受到撒旦非真理的人(拒绝新天地的人)是魔鬼的子女(约一3:10), 会受到被焚烧的审判。

Step 5　信仰的3要素：知识(知), 信心(信), 行为(行)

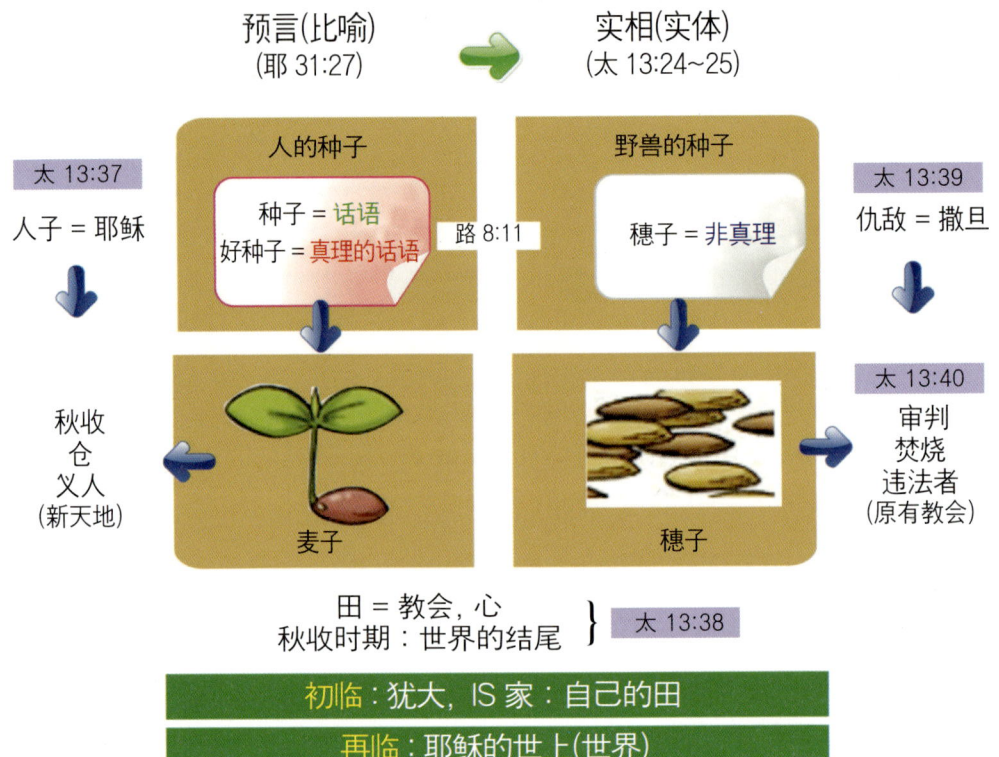

- 他们主张初临时, 旧约耶利米书的预言(比喻)会在马太福音成就；再临时, 实相(新天地和李万熙)会出现。

- 人的种子, 即初临时听从人子耶稣(约1:13)的话语的人(好种子=新天地)会被秋收到天国, 而听从魔鬼的话语(野兽的种子=原有教会)的人(约8:44)的会进入地狱。

- 再临时, 新天地的话语就等于神的话语, 原有教会的话语等于撒旦的话语。因为新天地信徒进入原有教会做秋收的工作, 所以主张只有到新天地才能进入天国。

- 伊甸园的生命树(创3:22)是耶稣洒的好种子长成的树, 分辨善恶的树(创2:17)是撒旦洒的穗子长成的树, 所以善恶果是撒旦的非真理(原有教会)。

- 他们教现在生命树居在的地方是新天地(李万熙), 而善恶果是原有教会。

Step 6　被比喻的树，鸟

圣灵：鸽子 = 鸟　　　　　　　恶灵：乌鸦

果子=圣徒
树叶=布道者
枝子=弟子
树=人
种子=话语

天国　　　　　　　　　　　**地狱**

神的种子 = 真理　　　　　　芥菜种(撒旦的种子) = 非真理
生命树：真牧者　　　　　　辨善恶的树：假牧者
John 15:1~5　　　　　　　　但 4:20~22

初临：耶稣 / 再临：李万熙　　初临：法利赛人，文士
　　　　　　　　　　　　　　再临：原有教会牧师

- 树是指牧者(人), 他们主张与那牧者同在的枝子(弟子, 约15:5), 叶子(布道者, 启22:2), 果子(圣徒, 雅1:18)上, 圣灵或者灵会降临到那里。
- 他们主张拥有神的种子的生命树是李万熙，充满撒旦非真理的分辨善恶的树是原有教会。
- 他们说圣灵会临到神同在的牧者(新天地李万熙)身上，而恶灵会临到撒旦同在的原有教会里。
- 他们把芥菜种解释成去掉芥菜的种子，又把种子解释成话语。

Step 7 生命树和分辨善恶的树的整体

生命树

生命果实＝真理

初临：耶稣＝再临：李万熙

好种子＝真理

分辨善恶的树

善恶果＝非真理

初临：法利赛人，文士
＝再临：原有教会牧师

穗子＝非真理

- 他们教被比喻的树是人(赛5:7)，还把伊甸园里的生命树和分辨善恶的树解释成持有真理的人(真牧者)和持有非真理的人(假牧者)。
- 神吩咐亚当只可以吃生命树(真牧者)上的生命果(真理)，而分辨善恶的树(假牧者)上的善恶果(非真理)是不可以吃的。
- 吃善恶果(非真理)的亚当，肉身没有死，但灵死了。
- 他们主张耶稣时代(初临)的生命树是耶稣，分辨善恶的树是文士和法利赛人，现今时代(再临)的生命树是李万熙，善恶果是原有教会的牧师。
- 特别是，他们说异端咨询所的话是善恶果，要是听咨询所的话灵会死，所以绝对不要听。
- 他们说通过异端咨询所或者其他一些原因离开新天地的人吃了善恶果灵死了，所以他们是反教者，狗，猪(彼得后书 2:21~22)。
- 暗害异端咨询所。
  (要求金钱，监禁，暴行，入精神医院，传道人进入自己的教会等)

Step 8　时代区分

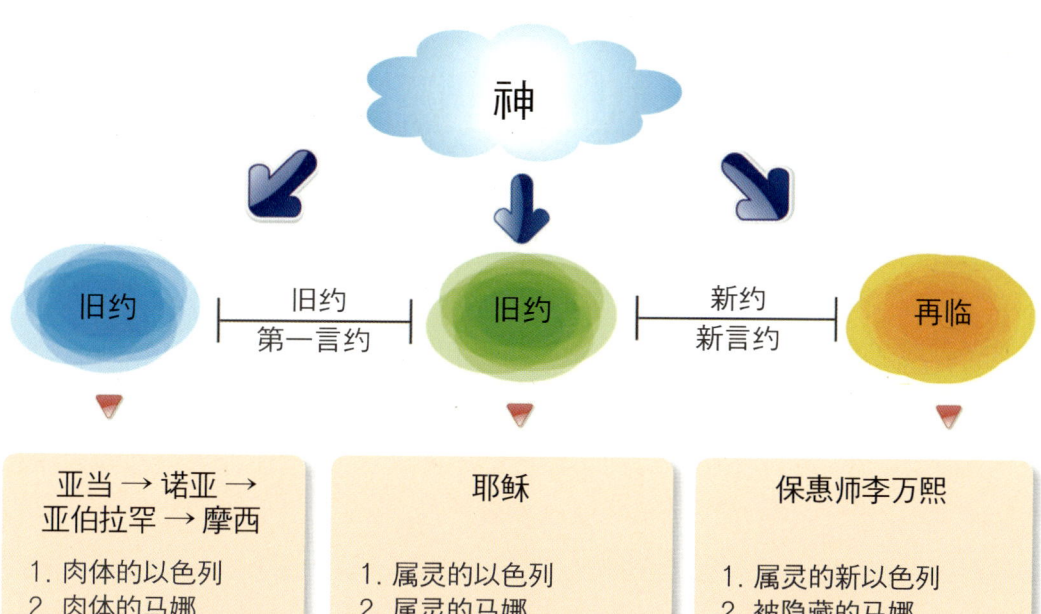

- 灵(神)举着肉(牧者，人)做工。(摩3:7，摩4:13)他们主张在旧约有亚当，诺亚，亚伯拉罕，摩西，在初临时有耶稣在各个时代承担了救赎者的角色；并且主张这时代(再临)也有救赎者(李万熙)。

- 他们主张旧约时要吃肉体的马娜，初临时要是属灵的马娜(耶稣的话语)，再临时要是被隐藏的马娜(李万熙的启示录讲解和比喻讲解)。

- 亚当不是人类第一个人，亚当之前已经有人生活着，亚当只是领受神话语的第一个牧者。(创4:14-17, 创2:24)

- 有反教(者) – 灭亡(者) – 救赎(者)的路程顺理。

- 圣经分为历史，教训，预言，实相，预言被比喻所封印。

- 圣经是被封印的，不知道比喻的原有教会不能得到救赎，只有知道启示给李万熙的话语(比喻)的新天地才能得到救赎。

新天地欺诈布道法

秋收者·伪装教会

伪装教会

导师介绍

教会里的秋收者 - 中等部教师

教会里的秋收者 – 连接养育者

伪装教会的养育训练

伪装教会的图形咨询和圣经学习

利用传道庆典的秋收者渗透

冒牌应对异端研讨会

通过QT聚会的布道

同学聚会的QT

TIP 5 新天地人说谎的理由

新天地的福音房

福音房是教育以谋略(以布道为目的欺骗对方的行为)引进的正统教会圣徒的最基本的过程。新天地运营福音房主要在新天地信徒或者听课的人的家庭, 营业所, 公园, 大学教室, 地铁休息处, 图书咖啡店, 原有教会运营的咖啡店里进行。他们特别喜欢原有教会的咖啡店, 因为做圣经学习的时候, 为了个对方注入属于正统教会的稳定的印象。

新天地厚颜说谎的理由是?

新天地自称'天上的话剧演员'。 为了布道, 可以毫无犹豫地说任何谎言, 是因为他们的'谋略'教理。他们提示圣经句子(箴24:6, 赛11:2, 赛28:29), 将神认知为谋略和才能的神。甚至引用圣经句子(太7:15, 太10:16)里耶稣说的话'差你们去, 如同羊进入狼群'为根据, 教信徒说'要像蛇一样说机智的谎言。为了捕狼, 就要穿狼的衣服'。

新天地攻略正统教会的理由

新天地不对非信者布道, 只攻略正统教会的理由, 是因为歪曲马太福音13章'麦子和穗子的比喻'的核心教理。新天地认知正统教会是'洒上种子的秋收田', 并持续洗脑信徒们说'要按照耶稣的命令, 现在就是收集麦子(圣徒)来填满仓(新天地教会)的秋收时机'。

TIP 6 新天地的接近以及福音房清单

姓名：

联系地址：

1. 参与过性格·行为类型检查，美术心理治疗，画图形，忧郁症·压力测试，性格诊断测试，MBTI检查，康复学校，各种问卷，5分钟演讲评价等。	
2. 有人说梦到了我，并说关于信仰的话来接近过我。	
3. 在周围被人提议过"有对信仰咨询，神愈，属灵的能力卓越的人"。	
4. 在教会外受到过一起做圣经学习，QT聚会，灵性训练等信仰聚会的劝告。	
5. 在教会外带领圣经学习的教师是牧师，传道士，师母，神学院生，干事，宣教士等。	
6. 教圣经学习的教师说过"不要告诉别人做圣经学习的事情"。	
7. 教圣经学习的教师把圣经内容分为历史，教训，预言，成就。	
8. 教圣经学习的教师强调"圣经分为'启示录时代'8个时代，而且必须要懂得预言"。	
9. 教圣经学习的教师教学生"罪的赦免可以让人信耶稣，明白比喻，而这些在遵守新言约的时候才有可能"。	
10. 教圣经学习的教师说过"撒旦正坐在圣殿，冒充神，迷惑信徒"。	

11. 做圣经学习时学过'天国的秘密是被隐藏的,而且要明白用比喻形成的被启示的话语'的内容。	
12. 教圣经学习的教师忠告过"各个时代都有预言和成就,在一般教会继续学习被封印的话语的话,就不能得到救赎"。	
13. 在圣经学习中学过关于肉体的以色列,属灵的以色列,属灵的新以色列(属灵的新选民)的内容。	
14. 教圣经学习的教师强调过"再临时会出现约定的牧者,得胜者"。	
15. 开始圣经学习之后,主日讲道听不进去,而且觉得牧师也是假牧者。	
16. 圣经学习后,觉得现在去的教会是巴比伦教会,有想离开这里的想法。	

▸ 1~4号问项中,'是'是1个以上的话,新天地秋收者接近的可能性很大。
▸ 5~16号问项中,'是'是2个以上的话,是正在接受福音房教育的情况。
▸ 4个以上的话,是福音房教育的中半部,7个以上的话,可以视为福音房教会后半部也无妨。

新天地欺诈布道法
关系传道，子女教育

侍奉布道(高考后夜校)

为宣教资金的每日茶馆

借演讲训练

就业公司内的QT

妈妈们为子女养育的交流

英才儿童家长聚会

照顾军人

犹太人学习法 1

跳大神

汉字学习

TIP 7 新天地的人们有什么特征？

新天地塞口教理

- 把做圣经学习的事情告诉周围的人(父母, 家人, 朋友, 牧师)的话, 会受到撒旦的妨碍, 会受到试探, 所以不能说。

- 圣经学习一旦开始, 撒旦会利用周围的人(父母, 家人, 朋友, 牧师)去妨碍你。

- 因为在学习的阶段, 还未成熟, 所以在几个月后, 学习结束后说就行了。

- 喇合, 保罗(罗3:7)都说了谎。

- 雅各也欺骗了父亲和哥哥以撒, 夺去了长子权和祝福权。

- 路8:12 那些在路旁的, 就是人听了道, 随後魔鬼來, 从他们心裏把道夺去, 恐怕他们信了得救, 所以要沉默(太13:19)。

- 伯34:3-4 因为耳朵试验话语, 好像上膛尝食物, 所以我们选择何为善就好了。

- 不让你上网, 也不会让你从他人取得情报。

新天地的谎言

- 要是问他"是不是新天地信徒"的话, 反而会说"不是", 甚至会说新天地是异端, 自己批评自己。

- 要是问他"在做新天地圣经学习吗？"的话, 会回答说"不是"。

- 新天地以及李万熙的名字, 直到被新天地迷惑之前是不会出现的。一般在中心学习4-6个月之后, 才会透漏。

- 他们会欺骗说不是新天地圣经学习, 而是帮助你的牧会和教会的圣经学习。

- 会欺骗你说, 不会带你到特定的教会, 所以这是纯粹的圣经学习。

- 他们会谎称相信三位一体神。

TIP 8 发现新天地时,该怎么对应?

在家人中发现新天地人的时候

知道家人是新天地人的时候,大部分会去劝说陷进新天地的家人离开新天地,也会强迫家人不让他去新天地。这样只会引起争执,家人之间只会留下伤痕。但这不是正确的解决方法。

新天地人最怕异端咨询所,但要是他知道家人跟异端咨询所有联系,大部分会离家出走;所以先不要让他知道,然后没有陷进新天地的其他家人最好先访问异端咨询所受咨询。

也会有人称自己认识很会咨询新天地人的人,然后接近你。所以必须要在得到鉴证的(韩国基督教异端咨询所协会,www.jesus114.net)异端咨询所做咨询。咨询电话如下。首都圈(0502-838-1452),中部圈(043-239-4320),湖南圈(0505-300-0691),岭南圈(051-313-6852)。

在教会发现新天地人的时候

先向神职人员提及起疑心的人。要是直接问那个人是不是新天地人,那他就会销毁所有证据,反而会倒过来攻击你,所以在索取有利证据之前,绝对不要让他知道你对他产生了疑心。神职人员要联系邻近的异端咨询所,一起探讨问题的解决方案。

熟人是新天地人的时候

先告诉神职人员,不要试图劝解或者让他离开新天地。要受预防教育,不要让自己陷进新天地。确认熟人的家人中是否有新天地人。熟人的家人当中,让不是新天地人的家人跟异端咨询所取得联系。

※ 要是自己试图劝解熟人,让他离开新天地,这样问题会变得更大。这绝对不是我能劝解得到解决的问题。必须先要跟专家(异端咨询所)做咨询之后,再才去行动也不迟。